सबके घर थोड़ा रह आऊँ

शुभम नागर

No. 50, Chettiyar Agaram Main Road,
Vanagaram, Chennai, Tamil Nadu – 600 095

First Published by Notion Press 2021

ISBN 978-1-63997-651-5

माँ, पिता, शिवानी
और
जीवन के अधूरों के लिए

विषयसूची

Preface (प्राक्कथन)

सबके घर थोड़ा रह आऊँ पिछले कुछ सालों में लिखी हुई चुनिंदा कविताओं का मेरा पहला संकलन है। कविता का सौंदर्य यही है की वो अपने आप को खुद लिखती है। शब्दों के एक पतले धागे की तरह जिसे किसी ने विचारों के उथल पुथल में टटोला और पाया और फिर धीरे से खींच के पढ़ने वाले के सामने रख दिया।

ये कविताएँ एक अत्यधिक व्यस्त जीवन, एक होड़, जो छूटता जा रहा है के बीच कुछ बचाए रखने की कोशिश के साथ लिखी गयीं। ठीक वैसे जैसे श्री गजानन माधव "मुक्तिबोध" ने कहीं कहा है

विचार आते हैं
लिखते समय नहीं
बोझ ढोते वक़्त पीठ पर
सिर पर उठाते समय भार
परिश्रम करते समय

लिखते रहने के बहुत बाद मुझे ये भी महसूस हुआ की हर कविता दरसल पिछली वाली कविता ही होती है। यानी कविता तो अलग अलग हैं पर इन सबमें एक ही अदृश्य कविता बहती रहती है। वह अदृश्य कविता जो की इन कविताओं में बह रही है उसमें आप को कभी एक घर की घर होने की खोज मिलेगी, कभी एक अधूरापन जिसे मान कर भी परखने की कोशिश है, कभी कोई सुबह या रात जो समय से परे है और वैसी दिखती भी है

ये कविताएँ अक्सर घर, कौने, अधूरापन, रात, सुबह के इर्द गिर्द घूमती हैं। हर कहीं हो आने की अभिलाषा है और हर घर में सुबह होते देखने की लालसा। आपा धापी वाले जीवन में जहां सिर्फ़ अपने

बारे में सोचना एक ऑक्सिजन की तरह है, शायद आप भी सबके घर जा कर रहना चाहते हों और उस घर की सुबह को सोखना चाहते हों।

इस किताब की कविता का हर पल एक जिया हुआ पल है, आत्मीय है।

अगर इसमें आप को भी कोई अपना पल मिले तो मुझे ये जान कर बहुत ख़ुशी मिलेगी।

- शुभम नागर
जुलाई 2021

घर और तुम

सबके घर

सबके घर थोड़ा थोड़ा
रह कर आऊँ
देखूँ उनकी सुबह,
आधी खुली आँखों की
स्कूल के लिए
तैयारी बच्चों की

और फिर
बच्चों के शोर को
घर से बाहर
जाता देखूँ

उनके जाने के बाद की शांति
इंतज़ार में बैठी
उनके लौटने के
शोर के

इस दिनचर्या से
सोख लूँ
एक असीम प्रेम

सुबह की जल्दी जल्दी मैं
देख पाऊँ
आपा धापी को

ख़ुद से प्रेम करते हुए
सिमटते हुए

पूरे घर को
एक चादर से ढकते हुए
वही चादर जो माँ
बीच रात बच्चों को
ढक जाती है

घर और सुबह में
सराबोर भीगी
एक राग में लिपटी
जीवन गीत गाती हुई
बस एक सुबह की ही
पूरी ज़िंदगी
देखने जाऊँ

हर घर मैं
थोड़ा रह आऊँ

- मार्च 2018

ये गीत सुना है फिर

ये गीत सुना है फिर ऐसे
तुम भी सुनते थे जैसे
तुम्हारे सुनने को फिर
सुन रहा हूँ गीत में ऐसे

उमंग की कोपल
गीत से फूटी
तुम्हारी बोई उमंग का
बीज ही तो हैं

ये जो मुस्कुराहट
आयी अभी
होठों पर अगर
थोड़ी फैले ज़रा तो
तुम्हारी मुस्कराहट ही तो है

जो गीत की बाहें फैल कर
भर रही दुनिया आग़ोश में
लौट आयी मेरी दुनिया में
तुम्हारी दुनिया ही तो है

गीत पर तैर कर
सपने तुम्हारे
रुकना भूल गए होंगे जैसे

मेरी आँखों के
टिमटिमाए पानी
ने छलकना
भूला ही तो है

दो लोग

दो लोग
बहुत कुछ कर सकते हैं

दोनों बन कर
एक हो सकते हैं

दोनों दो ही
रह सकते हैं

दोनों किसी और का
हाथ पकड़ सकते हैं

दोनों अपने अपने दर्द से
सबका दर्द सह सकते हैं

दोनों अलग अलग रह कर
अपने साथ रह सकते हैं

दोनों दो रह कर
कितना कुछ कर सकते हैं

हम बीज़ के फ़ाये हैं

हम बीज़ के फ़ाये हैं
मुठठी में ना समायेंगे
हमें उड़ने दो, भटकने दो
कभी न कभी तो रूक जायेंगे

तुम खेलना उन फूलों से
जो चुपके से खिल जायेंगे
हम तो सपने संजो कर
मिट्टी में सो जायेंगे

हर हवा के झोंखे से
पूछा नहीं कहाँ ले चला
बहते बहते,
उड़ते भटकते
दिखेगी जो कहानी
वही तुम्हें सुनाएँगे

यूँ उड़ते रहे अकेले
पर रिश्ते सभी निभाये हैं
आज नहीं दिखा सकते तुम्हें
कल किसी छावं में मिल जायेंगे

हम जब मर जाते हैं

जब हम
मर जाते हैं

तो हमारे
गली चौराहे
रोज़ आँगन में
आने वाली गौरैया
आँगन के शांत
धूप वाले कौने
यही समझते होंगे के
बस यहीं निकले होंगे
टहल कर
वापस आने के लिए

मैं हर उस जगह को
देखना चाहता हूँ
जहाँ अब मैं नहीं हूँ
और दोबारा जा भी नहीं जा सकता

ये समझने के लिए
की मेरे एक समय के दृश्य में
रहने का
मतलब क्या था?

मेरा आँगन
घर के धूप वाले कौने
वहाँ रोज फुदकती गौरैया
मेरे ना लौटने से
इतनी बेचैन क्यूँ है?

शायद समझने लगी हैं
के उसको दाना पानी
देने वाला अब नहीं आएगा

पर फिर भी वह
सब जान कर
चहक रही है

तुम्हारी याद को

तुम्हारी याद को
मैं रोकूँगा नहीं
जब वो आएगी तब
कुछ लिख डालूँगा कहीं

या करूँगा कुछ बातें
ख़ुद से भी नहीं
रखूँगा बंद उसे
झुँझलाहट और मूड
के बिगड़ते बैलेन्स में
और लिए लिए फिरूँगा

ना ही करूँगा तुमसे
तुम्हारी बातें

पर तुम्हारी बातें करूँगा
बे रोक टोक
हर उस बात की
परछाइयों से

जो तुम छोड़ गए
मेरे लिए

गीत से कहानी बनी

गीत से कहानी बनी
कहानी में गूंजा गीत
अनजान से तुम मिले
जैसे मिले सागर में सीप

दुनिया के शोर से
बचा कर रखा था चुप
चुप मेरे तुम्हारे मिले
और नहीं हुआ था कुछ

मुँह फेरे हुए फ़ासले
जानने को शायद मिले
मिल कर मगर यूँ लगा
चलो फाँसलों से फिर मिलें

छोटे छोटे झूठ निकले
मिलने के फ़र्ज़ से
छू कर आए दिल जो
दब गए किसी क़र्ज़ से

- फ़ोटोग्राफ़ मूवी देखने के बाद

घर के चौखट की क़िस्मत

घर के चौखट की क़िस्मत है
लम्बे समय
डटे रहना
आना जाना
लगे रहना
दरवाज़े को
पकड़े रहना
साँकल से ही
बँधे रहना

घर भी
उसका है
और बेघर भी वही

बाहर भी
रहता ये
और समझो
अंदर भी

सुबह खुल जाता है
गुलाम सा चौकस
रात में
चौक़ीदार सा
अकेला और बेबस

पर्दा भी है ये
ड्यौरी भी
इसको लांघे सभी
रोके कभी
ये क़दम भी

हद मान कर इसकी
कितने हैं घर में क़ैद
हर कोई ज़रा देर ही
रखे है इस पर पैर

इसका ना कोई नाम
ना कोई नाम की पट्टी
दहलीज़ कोई कह रहा
कोई मर्यादा घर की

किसी सर्द रात का
ये चौखट अलाव बनेगा
चौखट की क़िस्मत है
वह काम आता रहेगा

लौटा हूँ फिर अपने मोहल्ले

लौटा हूँ फिर
अपने शहर
अपने मोहल्ले
मेरी क़ैद रही ज़िंदगी की
कहानी सुनने

मैंने वहाँ देखा
ख़ुद को चलते हुए
एक गुजर चुकी ज़िंदगी
से बचते हुए

मेरी यादों की
कहानी को
दुकानों ने ढक लिया
जहाँ पहले पड़ा था
बस एक पत्थर
वहाँ मंदिर कोई बन गया

मुझे सभी रास्ते
याद अब भी थे
गलियों से गुजरते
मेरे ख़्वाब अब भी थे

मुझे ज़िंदगी वहीं
सबसे पहले मिली
अचरज है यही
ज़िंदगी जो थी
पड़ी थी अब भी वहीं

बन गया मैं
वो शख़्स
जो कहाँ कहाँ
मर आया

पर फ़क़त बस
हुआ इतना
के लौट के मैं
घर आया

बिन बताए
था निकला
बिन बताए
वापिस आया

- मोहल्ले में छूटी पड़ी ज़िंदगी पर

असम्भव में घर

ये घर
असम्भव में बनाया है
हर सम्भव कोशिश से
घर की दीवारों को
गिरने से
बचाया है

असम्भव सी इसकी
नींव है
जिस पर खड़ी
करी है
सम्भव सी छत
सम्भव सी शरण
सम्भव सी नींद

इस घर में
एक अनाम हवा
सम्भव हुई
खिड़कियों से बहती
जैसे ही आती है
तो सम्भव हुए घर की
दीवारों को

उसकी नमी
अंदर से
जल्दी गलाती है

धीरे धीरे छिले हुए
प्लास्टर सी
हर सम्भावना
टूट कर गिरती हुई
रात को डरावने चेहरे
दिखा कर डराती है

ये घर मगर
अब भी
विद्रोह का घर है

असम्भव से लड़ता
संभावना से भरा
मेरा घर

अब जो फ़िर घर

अब जो फ़िर घर
बनने में लगे घर
में लौटा हूँ

जिस सोच में
बैठा था
वैसी ही किसी सोच
में फिर बैठा हूँ

जीवन से दूर टंगी
एक सुबह के
नयेपन के
पुराने होने से पहले
क्षण को
छूता हूँ तो

घर घुल जाता है
घर होने के
ख्याल में

घर के कौने

हर शाम मिला
घर का कोना
अब बना यही
जीवन बिछौना
थोड़ा खुद में
खो जाता हूँ
जीवन को
फिर समझाता हूँ

सूरज के
ढलते ढलते
एक ख़ालीपन
जो घर जाता
उत्तर को
कैसे ढूंढें
जब प्रश्न ही न
ये बुन पाता

ये ख़ालीपन
जीवन का
बसर है
सब कुछ यहाँ
हो रहा बेअसर है

ऐसे अटपटी
बातों से
मन को मैं
उलझाता हूँ

इस कौने में
कुछ अटका है
कुछ कल,
कुछ न जाने
कब का है
फिर भी
जाने समझे
उसमें जोड़े
चला जाता हूँ

जीवन तो
इतना सहज़ था
फिर क्यूँ
इतना संताप हुआ
कुछ न पाने की
प्यास लिये
किस ज्ञान का
आभास हुआ?

वक़्त बहुत हुआ,
अब जाना है
कुछ मित्रों को

बहलाना है
फिर टोली
बना कर
मित्रों की
कोनों का भी
ऋण चुकाना है

घर

दर बदर,
इधर उधर
देखते रहे
रहने को घर

इतने घर,
बिखरे हुए
चुन लो
कोई घर
फिर कहने लगो
उसे घर
कहने से ही
कहीं होता है घर?

बेगाना सा घर
अनजाना सा घर
घर को ही नहीं पता
चाहता है वो
बन जाए घर?

उस घर की ललक
कोई ललक भला?

उस घर की तड़प
कोई तड़प भला?

किसने कहा था
घर को
सबसे पहले घर
क्या उसका भी था
कभी कोई घर?

बंजारे से पूछूँगा
क्या होता है घर

बेघर से पूछूँगा
क्यूँ चाहिए घर?

दुनिया से पूछूँगा
कहाँ है घर?

सब से पूछूँगा
क्या बनोगे घर?

एक तस्वीर में है मेरा घर

एक तस्वीर में है
मेरा घर
किसी तक़दीर में है
मेरा घर

मेरा घर
बहुत दूर है
जहां आज
मैं रहता हूँ
उससे भी कहीं दूर है
मेरा घर

शोर से सिमटा हुआ
मेरा घर
शोर से
बचता हुआ
मेरा घर

मेरा घर
तो बगिया में है
क्यारी की
दुनिया में है

मेरा घर
नहीं रहता
जहाँ मैं रहता हूँ
जिस घर
कभी नहीं जा पाऊँगा,
वहीं है मेरा घर

मेरे कमरे में मेरे होने से

मेरे कमरे में
मेरे होने से
नहीं कोई भी एकांत
मेरे ना होने के मगर
अनगिनत एकांत

अपनी मर्ज़ी से,
अपनी तरह के
अलग अलग
चुने हुए एकांत

मैं जब
ये घर छोड़ दूँगा
तब मेरे
एकांत कहाँ रहेंगे?

आख़िरी बार

सब कुछ होता है
कभी ना कभी
आख़िरी बार

आख़िरी साँस
आख़िरी बोल
या लिया जाएगा
तुम्हारा नाम
आख़िरी बार
और फिर कभी नहीं

आख़िरी होगा कष्ट
आख़िरी होगा दुःख
आख़िरी हो ही जाता होगा
सब कुछ

होगी नहीं मगर
आख़िरी रात
या आख़िरी दिन

घर घर
भटक कर
ढूँढना होगा
आख़िरी घर
आख़िरी पड़ाव

घर में नया घर

घर के कोने में
सिमट कर
घर मे
नया घर बनाया है

इस नए घर में
सबको बुलाया है
नए घर में
अधूरी होंगी बातें
सटक लिए थे
जो शब्द
बोलूँगा यहाँ
पट पट

इस नए घर का पता
बाहर नहीं
अंदर लिखा होगा
कोई आएगा अगर
इस घर के अंदर
जान लेगा
ये घर कहाँ है

सब स्थिर

सब स्थिर है,
सब जड़ित
समय के
सीमेंट में धंसा हुआ

इस सीमेंट से
बना हुआ है
एक पुराना घर

दूर इस घर से
दिखती है डगर
मेरे हर नए घर
की और
जाती हुई

चुपके से आया रिश्ता

एक दिन
बिना आहट
एक रिश्ता
मेरे घर में आया
और
कुम्लाह कर
घर में ही सो गया

कल सुबह जब
में जागूँगा
तो हम तीन होंगे
में, तुम और ये रिश्ता

ये रिश्ता
कहाँ से आया है
इस गुमान को
हम निभा कर रोज़
करेंगे जिम्मेदारी पूरी
जितना है
तुम्हारा ये
उतना ये
मेरे लिए
जरूरी

कविता मेरा कौना है

कविता मेरा कौना है
कई कौने तलाशने के बाद
वाला कौना

कैसे कौना
भर जाता है
किस से भर जाता है
कोई नहीं बताता
कविता भी नहीं
पर कविता बन जाती है
और मैं
घर के बीच खड़ा
फिर नया कौना तलाशता हूँ

कविता और कौना
अब मेरा नहीं रहता

मैं भी नहीं रुकता
अगला कौना मिल जाये
शायद

एक रुके से घर में

एक रुके से
घर में
अटकी सांसें
कुछ झुके से
बाजूओं में
तनती लाशें
इन सब को लेकर
कुछ और भी
लेकर थकती बातें

पथ की थकन
पुरानी आदत बन
टिकने को
दे देती है रोज
सिरहाने
अब करें तो क्या करें?
के बहाने

साथ सबको ले कर
चलना है अभी
उजाला हो न हो
सुबह की तरफ
बढ़ना है अभी

देखो कितनी जगह है

हम दोनों के बीच
देखो अब कितनी जगह है
दोनों मात्र दो बिन्दु हैं
तुम कितना ही ऊँचा बोलो
अब मैं सुन नहीं सकता
एक असीम शांति है
जिसमे कुम्लाह कर
मैं रोज छुप जाता हूँ

हम फिर रहे हैं सरफिरे
तुम्हें नए बिन्दु बुला रहे है
मुझे विराम दिख रहे हैं
खोज पर दोनों हैं निकले
देखो अब कितनी जगह है

इस जीवन की खोज में
कई सत्य निकल पड़े हैं

में चला जाऊँगा

में चला जाऊँगा
तुमसे कितना
कुछ कहे बिना

में पहुँच जाऊँगा
तुम जहां खोने
चली जाती हो

दर्द के जिस
सुकून में
तुम सोने चली
जाती हो
उस नींद के सपनों
से दूर
में चला जाऊँगा

तुम्हारे अधूरे को
मेरे अधूरे से
बस पहचान सी
करा कर
में चला जाऊँगा

जिस उम्मीद को तोड़ कर
ज़िंदा रह पाया है प्यार
उस प्यार को भी छोड़ कर
मैं चला जाऊँगा

दौर है, रात है

दौर है,
रात है
दिन है
चलता रहेगा

फ़सानों के आगे
एक फ़साना
और जुड़ता रहेगा

मैं अपनी कहूँगा
तुम अपनी कहोगे
समय हमसे से बेगाना
चलता रहेगा

दीवाल पर लगेंगी
तस्वीरें तुम्हारी
खिड़की से भी कोई
तुम्हें देखता रहेगा

ये कहाँ हो?
ये क्या जगह है?
ये सोचते सोचते ज़माना
धुँधला लगेगा

सिमटता रहेगा
ये साँसों का आडंबर
साँस रुकने पर भी
आडंबर चलता रहेगा

मालूम पड़ती रहेगी
हर पल की कोशिश
हर कोशिश को भी
पल मालूम पड़ता रहेगा

मैं रुक जाऊँगा
तुम रुक जाओगे
हमारे बाद भी ये ज़माना
चलता रहेगा

रात जब हो जाएगी

रात जब हो जाएगी
दिन की गाँठे खुल कर
ओस का बिस्तर बन जाएँगी
धड़कनें सुस्ता कर
आते ख़्वाब को तर जाएँगी

लौट कर तुम भी, मैं भी
अपने कौने में छुप जाएँगे
राज़ जो बोल में दफ़्न थे
कहते कहते रुक जाएँगे

तुम फिर तुम बन जाओगी
मैं फिर मैं बन जाऊँगा
अपनी कहानी पिघल कर
तारों की टकटकी हो जाएगी

मैं कोई और शख़्स सा जियूँगा
तुम एक परछाईं बन जाओगी
ना मैं तुम को ढूँढ पाउँगा
ना तुम मुझको कभी पाओगी

मीत मेरे ये क्या हुआ

मीत मेरे
ये क्या हुआ
चुप्पी का चुप
भी चुप हुआ
थकती आखों
की पलकें खुली
चटकी हड्डी सा
सुकून हुआ

मिथ्या का
सच्चा ज्ञान हुआ
साँसों का
झूठा व्यापार हुआ
मन के तार
बजते बजते
नीरस गुंजन का
गान हुआ

हर साथ जकड़ा
पाश हुआ
हर बंधन
पर्दाफ़ाश हुआ

तुमने आकर
फिर अपनी कह दी
सिला हुआ सा
साथ हुआ

प्यार

प्यार किससे हुआ
प्यार किससे किया
पूछा भी नहीं
ना ही पता चला

एक आवाज हुई
कुछ शोर मचा
कानों में घुलता
वो जमता रहा

कई साँस ली
दीवारों में बंद
चीख़ भी निकली
पर बहुत ही चंद

भूल गए
होता है क्या
बस एक दिन
बस एक सुबह

कुछ और ही हुआ
कहीं और ही हुआ

जो होना था
वो ढूँढता रहा

हर बात सुनी
हर बात दिखी
पल ख़त्म किया
पल शुरू किया

जो नहीं हुआ
जो नहीं मिला
उसे प्यार कहा
और कहता रहा

हाथ थामे

मेरा हाथ थामे
रात भर जागी
तुम्हारी आँखें
सोने लगी

दुनिया नयी
होने लगी

अगर ये सच हो

अगर ये सच हो
के मैंने झूठ
कुछ कहा नहीं
और ये भी सच हुआ
की सच तुम्हें लगा नहीं

तो उस लम्हे में क़ैद
जो फ़िक्र मैंने कही नहीं
उस फ़िक्र को लिए फिरते
अब क्या ज़िक्र हो?

मन की फाँस

कल जैसी फिर
रात बही
मन की फाँस
अटकी ही रही

पैने स्वर,
की फेरबदल
कर्कश अंतर,
फिर गए मचल

कमरों में अटकी
दुनिया बांटी
ड्राईंग रूम में फली फ़ूली
नागफनी अब मुझको ही खाती

फिर चक्कर से
खाते सो गए
चढ़ा दिन
भौंचके हो गए

सुबह के थूक से
दबी रात की फाँस
सटक ली

भूल गलती भरी
एक और नींद
झटक दी

एक ही पगडंडी

एक ही पगडंडी पर
चलते चलते
क़दमों की रक़म इकट्ठा
करते करते
अगर भटक जाओ
और मिल जाएँ
आँगन, बाग़ बग़ीचे, चौराहे
गाँव, शहर, देश विदेश
के अचरज भरे कौने

और कहें
अरे «तुम भी हो?"
«हाँ मैं भी हूँ?" के बीच
«अब तक क्यूँ नहीं आए»
कहते हुए मुस्कुराते
चलते चलते
क़दम की रक़म
गिनते गिनते

तो साँस साँस लगती है
दिन दिन लगता है

दृष्टि को सृष्टि दिखती है
जीवन पहचानी सी दस्तक देता है

और मैं दौड़ कर
खोल देता हूँ
पट मन के

अवसाद

तुम्हारे इंतज़ार को
कोई सहारा नहीं मिलता
तेरे ख़यालों से
तेरा ख़याल नहीं मिलता

घर में घुस कर बैठा
जो चोर है ज़ालिम
ताले तोड़ता है पर
खुल कर चोरी नहीं करता

आँगन से मेरे उसकी
बू कभी आती नहीं है
रात की रानी की महक में
जो छुपा रहता

हर उम्मीद को जता कर
जो मुँह मोड़ लेता है
ऐसे सिलसिले को कभी
बेवफ़ा नहीं मिलता

ज़िंदगी कट रही है
हर उस जाने हुए तरीक़े से

जिसे किसी अनजान ख़याल का
हाथ नहीं मिलता

कभी दस्तक ज़ोर के,
कभी ज़ंजीर की खन खन
घर आता है ये अनजान
मगर कहीं नहीं दिखता

ये वो पाँव हैं
जो चलते रहेंगे थकेंगे नहीं
इनके दुश्मन तो बहुत है
पर साथी नहीं मिलता

एक समय पर, दो अगर

एक समय पर, दो अगर,
पल ख़ुशी का जाते देखें
दो रह कर, एक जीवन में,
एक सांस भी न आते देखें

कहाँ है चार दिवारी घर की,
नापी किसने, देखी है क्या?
घर मे बनाते घर की ईंटें
घर के भट्टे में काली स्याह

घर में होता दो का खेल,
नाच नाचती आदत की गोटी
दिन दिन भारी होता
रहती बात फिर भी छोटी

घर से निकला घबराता
झरना सोचे सागर से मिल ले
मिलती लेकिन सूखी मिटटी
सोखे सब तब जा कर संभले

घर हो गया है बासी,
घर की न तुम रोटी खाओ
घर के इतने कौनों में
एक कौना तुम भी बन जाओ

बात तुमने कही

बात तुमने कही और
फिर कहती ही रहीं
गूँज उनकी अब
किसी की मसान हुई

मुझको मिली थी
कतरनों में बंद कविता
पर आज ये न लगा की
मेरी लिखी बयां हुई

अटकी हुई ज़िन्दगी
कुलबुलाती बहुत है
ये देखने को आई हसरत
न कभी जवान हुई

इस राख़ हुए दिन का
कुछ तो मतलब होगा
में न ढूंढ पाया कभी
तो कोई और ही सही

मेरी कविता कोई आज
फाड़ कर चला गया
बिखरे कागज़ों से मगर
नयी लिख गया कोई

नाराज़ इतना हूँ खुद से
के सबसे चुप हो गया
शायद ये चुप्पी भी
शोर में सुन ले कोई

शाम ये पूछती नहीं
दिन की क्या हुई थी हलचल
दिन तो दिन ही दिन में
गुम रहने का बुन लेता है पल

बसर किस बात पर होगी
अब कैसे होगा असर
ये अगर मिल भी जाये
तो क्या होगी गुजर?

चलो नाराज़गी की गुल्लक
फिर गिनने बैठें
नया दिन ही तो गुजरा है
अभी तो हुआ है आखरी पहर

लगता तो है के तमाशा
कोई कर रहा होगा
पर बंदर खोल कर
मदारी सो रहा होगा

आदत हर शाम को
शाम की तरह फिर बिताने की

क्या कर लिया तुमने
जो बात याद आयी काम की

शाम का हर पहर
इस शहर सा बेजान है
मांगता है जान
जो शहर की गुलाम है

एक लकीर पर चलने से
कोई मुझे हिला दे
आसमान से दिखे तकदीर
तो शायद बता दे

मैं मकानों में रहता आया हूँ
सराय सा बेफिक्र
जो रहते साथ थे
शिकायत से करते थे जिक्र

वो जो नींद को जल्दी
नहीं बुलाता अक्सर
सोता है जब तो
ख्वाब दोहराता भी नहीं

मुझे पता है भगवान है,
मंदिर भी और पूजा भी
पर क्या अब वहां जाना
जब कविता ही कह दी

मैं और तुम

मैं और तुम
एक कहानी
बन कर

जो बनाने से
ना बनी
सुनाने से बची
लिखने से कुछ
और ही बनी
भुलाने से
ना रूकी
हमारे बाद जो
है ही नहीं

ऐसी कहानी होकर
हम यहीं रह जायेंगे

तुम नहीं बदलोगे

तुम नहीं बदलोगे
में तुम्हें बदलूंगी
तुम बदलने लगोगे
पर में देख नहीं पाऊंगी

पर में तुम्हें बदलती रहूंगी

तुम नहीं समझोगे
में समझाती रहूंगी
तुम फिर भी नहीं समझोगे

फिर तुम पत्थर हो जाओगे

तुम चाहो या न चाहो
में इस पत्थर को भी
यूँही तराशती रहूंगी

ख़ुशी

मेरी ख़ुशी में
तुम्हारी ख़ुशी है
तुम्हारी ख़ुशी में
मेरी ख़ुशी है

पर ज़रा बताओ
किस चीज़ में
मिली
तुम्हें ख़ुशी है?

जगमगाते पलों से
हर दम तुम
घबराई हो

समझने की थी
बस चंद बातें
वो भी तुम
न समझ पाई हो

औढ़े है अपनी ही
ढुलमुल सच्चाई के
घने काले बादल
जिसके पार हैं
बाट जोहते रहे
प्यासे पल

मैं काला नहीं

मैं काला नहीं
तुम सफ़ेद नहीं
बिछी शतरंज कि
भी कोई बिसात नहीं

खेल हमारे हैं
भूरे से
अनदेखे,
अबूझे से

जीवन बिताने से
पड़ी आदत हैं
ये बिन मांगी
शहादत है

इन सबमे
घिरे रहते
उलझते से
फिरे रहते

कभी तो रूक के
पूछेंगे
सुलझ क्या पाया है?

जो गलती पता तो है की हुई है

जो गलती
पता तो है
की हुई है
पर वो ना मैंने
ना तुमने
जान कर भी
छूई है

उसे
ढोते ढोते
कब तक
चलोगे,
थकोगे
तो तुम नहीं

पर यूँ जगे रह कर
कौन है
जिसे ठगोगे

कब तक
रहेगा
नाटक
ये जारी

क्या कभी
हो सकेगी
पूरी तयारी
तुम्हारी

ये जो
घिसटते मरते
गर्मी पैदा
करते गए हो
वही रौशनी बन
शायद चमका
सकेगी
किस्मत तुम्हारी

तुम जब
मरोगे
साथ ले कर
मरेंगी उम्मीदें
पर तभी वो
गलती जो पता है हुई तो है
पर वो ना मैंने ना तुमने
जान कर भी छूई है

आगे बढ़कर माफ़ कर
छू लेगी खुद
तह तुम्हारी

में अशक्त हूँ

में अशक्त हूँ, क्यूंकि
कण कण जुड़ा
बीता वक़्त हूँ

कटता जाता,
चुक गया,
गुजरे समय सा
चिपक गया
टूटने से पहले मिला आत्म ज्ञान हूँ
अब एक मात्र पहचान हूँ

रोज तड़पता यथार्थ तेरा
कर्त्तव्य से बिंधा संसार मेरा
जुड़ न पायेंगे जोर लगा लो
चलो एक और दिन बिता लो

में अशक्त हूँ, क्यूंकि
तुम्हारा अकेला बीता वक़्त हूँ

घर लौट मिले, सन्नाटों के कांटे
मिले चैन तभी तो छांटे?
जो बन पड़े करने से,

उपजी लाचारी का
अकाट्य एक प्रमाण हूँ

छोड़ दिया अब फुसलाना
घडी घडी मन बहलाना
अब यूँ कटता के खून न आये
चलो कल का रिहर्सल,
आज फिर किया जाए

में अशक्त हूँ, क्यूंकि
तुम्हारा अकेला बीता वक़्त हूँ

सब कुछ देखता, होता रहा सख्त
चक्कर खा गिर रहा है वक़्त

में अशक्त हूँ, क्यूंकि
तुम्हारा अकेला बीता वक़्त हूँ

और बाक़ी सब कुछ

चुनो बस अब एक राह चुनो

अनगिनत राहों की भ्रमित चमक
बुझा न दे प्रयासों की ललक
जो गुंथी रहे वो बाहं चुनो
चुनो बस अब एक राह चुनो

पहले डग से विश्वास भरो
अगले डग का विश्वास करो
पगले पग में उन्माद भरो
निष्टुर हो छोड़ी थी जितनी
उन राहों को मत याद करो

जीवन क्षण में मिट जाएगा
पर राह-पग प्रेम रह जायेगा
राह धूल छोड़ी थी जो तुमने
किसी के तो रचेगी अनुसरण
नाप कर फिर क्या करोगे
सिक्कों पर अटकी ये शरण

लौट आओ जहाँ भी हो
जुड़ पड़ो जितने हो बिखरे
मित्र हैं अभी भी गाढ़े
चित्र हैं अभी भी तुम्हारे

सूक्ष्म कर लो हृदय की पीड़ा
संकल्प कर लो बहुत नुकीला

चुनो बस अब एक राह चुनो
बनती सी वह राह चुनो

क्या मायने ज़िंदगी के

क्या मायने ज़िंदगी के
भक से साली शुरू
भक से साली ख़त्म
जो भी हुआ बीच में
कभी मेरा भरम
कभी तेरा भरम

कोई हिस्सा निकला नाराज़
कोई मुस्कुराता निकल गया
इरादा था सुनायेंगे पूरी कहानी
बेतरतीब सा बयान निकल गया

इतनी नस्लें हो गयी आदम की
फिर भी वही रोना है
तेरी नस्ल कौन सी खुदा है
जिसे खुदा से अलग होना है

अब तक जो उतरा ख़ून में
किताबी था, फ़रमानी था
आख़िर दौड़ कौन गया रगों में
ज़मीनी था या आसमानी था?

मुझे तो चुपके से एक दिन
एक कमरे में अकेले सुला दो

मिला दो दोनों सिरे
कम से कम सिरे ही मिला दो

किसी के हो सके, तो तुम हो
जब नहीं तो कुछ भी नहीं
मुझे फ़लसफ़े से ना बहलाओ
चलो आज तो अनसुनी को सुना दो

- Nairobi - 2019, Hotel Bed

रात रोक लेती है

रात रोक लेती है
कुछ देर दिन को
और दिन रतजगा
कल सारे दिन
दिन भर,
दिन पर
बरसेगा

रात फिर रोक लेगी
दिन को होने से
मैं इन सिलसिलों की
ग़ुलामी से थक कर
कुछ देर
अपनी ज़ंजीरों को
खनका कर
गीत गाऊँगा

रात में हर शक़्स बेबस
सो ही जाता होगा
दिन भर की बात कर
अगला दिन
आया गया
हो ही जाता होगा

सिलसिले रुकते नही
पर अचानक जैसे
कहीं कुछ होता है
बिन बताए रुक जाता है
वैसे रुक जाने को भी
ये रात रोक लेती है

रात रोक लेती है
कितना कुछ
अगले दिन के लिए

कहीं ना कहीं

कहीं ना कहीं
हम लड़े

हमने ज़िंदगी की लड़ाई में
और लड़ाई देखी

कहीं ना कहीं
हम जीते

हमने ज़िंदगी की जीत में
और जीत देखी

कहीं ना कहीं
हम हारे

हमने ज़िंदगी की हार में
और हार देखी

कहीं ना कहीं
हम जिए

हमने जीने भर की कोशिश में
ज़िंदगी नहीं देखी

मैं दरसल

मैं दरसल
कुछ भी नहीं

मैं समय को देखता हूँ
और समय मुझे

मेरा होना
ना होना
बराबर है

हवा के झोंके की तरह
नाम जिसे दे गया कोई

संघर्ष का प्रेम

संघर्ष अब तक का
आज मधुर प्रेम बना
नहीं रहा संघर्ष
सिर्फ़ प्रेम भी नहीं रहा

बन गया एक चित्र
जीवन के कैन्वस पर
कैन्वस पर चित्र बना
और चित्र कैन्वस पर

अब अलग नहीं संघर्ष
किसी से भी नहीं
हिस्सा सभी का पर
किसी का भी हिस्सा नहीं

संघर्ष नहीं दिखता
संघर्ष जैसा अब
प्रेम जैसा बना
पर प्रेम भी नहीं

वो ये नहीं
नहीं ये भी नहीं

कुछ भी नहीं
कुछ नहीं

संघर्ष दरसल
था ही नहीं

अपनी दुनिया की क़ैद

उसने अपनी
एक दुनिया बनायी
क्यूँकि उसे
नहीं पता था
की और क्या बनाना है

उसने अपनी
दुनिया में जीना चाहा
क्यूँकि उसे नहीं पता था
की और कहाँ जीना है

उसने अपनी
दुनिया में औरों को बुलाया
क्यूँकि उसे नहीं पता था
की वो और कहाँ जाते

उसने अपनी
दुनिया को छोड़ना चाहा
क्यूँकि उसे नहीं पता लगा
वो अपनी दुनिया में किसको छोड़े

उसने अपनी
दुनिया को तोड़ना चाहा

क्यूँकि उसे नहीं पता था
की वो अपनी दुनिया में क्या जोड़े

इस तरह अपनी
दुनिया में वो क़ैद हुआ
क्यूँकि उसे नहीं पता था
की वो अपनी दुनिया से बाहर कैसे निकले

इससे पहले कि वो दिन चढ़े

इससे पहले कि वो दिन चढ़े
जिस दिन को सींच सींच कर
बड़ा किया है आदतन ही यूँ
बिना किसी वादे जिसके
हर वादे को निभाया है क्यूँ

जिस दिन की कोई हसरत ना थी
ज़िद पूरी कर डाली उसकी सभी
जिस दिन में रहना मुनासिब नहीं
उम्र काट दी सारी वहीं

जिस दिन में गुम होना आसान नहीं
खुमारी में लुटा दी साँसे वहीं
जिस दिन ने कभी हमसे पूछा ही नहीं
रुक जाना ज़रूरी है या चलना अभी

इससे पहले कि वो दिन चढ़े
चुरा लो सिलसिलों से सिलसिले
कल कोई आ कर ये ना कहे
कहने को इतना था फिर भी चुप रहे

नाराज़ हनुमान

सबने लगा लिए हैं
अपनी अपनी
गाड़ी के पीछे

नाराज़ हनुमान

बिना ये पूछे की वो
नाराज़ किससे हैं
और किस को
देना चाहते है धमकी

मेरे
संकट मोचन हनुमान

झूठ भी थकता है

झूठ भी थकता है
झूठ बनते रहते
झूठ कहते कहते
झूठ सहते सहते

हर झूठ की मियाद
बस झूठ तक ही है
झूठ में आकर भी
सिर्फ़ झूठ मिलते रहते

झूठ अपने साथ
सच छुपा नहीं पाता
थोड़ा थोड़ा रह जाता है
झूठ सजते सजते

उम्र आ कर झूठ को
फिर देखती है पढ़ती है
याद करने को होते हैं
इम्तिहान कैसे कैसे

झूठ का परचम
कुछ देर तो लहराता है
पर जंग हो लम्बी तो
झूठ बहुत ख़बराता है

झूठ के बहुत बाद तक
ये वतन आबाद रहेगा
आखों में सपने होंगे
ये वक़्त याद रहेगा

हिन्दोस्तान एक ख़्वाब है

हिन्दोस्ताँ एक ख़्वाब है
और ख़्वाब में सच है क्या
और झूठ क्या...
सब सच है...
ऐसा सुना था एक
पुराने गाने में कहीं

ख़्वाब काला नहीं होता
ना ही होता है सफ़ेद
ख़्वाब का रंग देखे बिना
कोई रंग नहीं होता

ख़्वाब सोने नहीं देता
ख़्वाब पूरा नहीं होता
ख़्वाब ख़्वाब रहता है
ख़्वाब चुप नहीं रहता

ख़्वाब तोड़ने से
बिखरता नहीं
ख़्वाब टूट जाता है अगर
तो और ख़्वाब देखने लगता है

हिन्दोस्ताँ एक ख़्वाब है
और ख़्वाब में सच है क्या
और झूठ क्या...

सुस्ताने की घबराहट

सुस्ताने की
घबराहट

रुक जाने की
ग्लानि

चलते जाने की
प्लानिंग

उठ खड़े होने की
ज़िद

चक्रव्यूह के अंदर
आत्म समर्पण

रिश्तों की बेहिसाब
मजबूरी

एक जुनून की
ज़िंदगी

इन सब का मोल
कुछ नहीं

अगर भाने लगे मुझे
बेतरतीबी

अगर बाज़ार में
बंद हो जाऊँ बिकना
अगर तलाश करने में
मैं खोने लगूँ

अपने नाम की तख़्ती
खुद नोचने लगूँ

अगर खुद ही
गाता फिरूँ

इन सब का मोल
कुछ भी तो नहीं

समतल

समतल कर दो
सपाट कर दो
एक सा कर दो
सब हिंदू कर दो

कर दो
भारत माता की जय
जय श्री राम कर दो
सबके पर्चे निकलवाओ अब
कुछ पर विदेशी लिख दो
तमिल, मराठी, मलयालम
ये सब क्यूँ बोलें हम
लगे हाथों समय है
जाओ तुम अब
सब हिंदी कर दो

आत्म सम्मान
ढूँढो मत
बस आत्म सम्मान
होना लिख दो
बैठो मत
खड़े हो जाओ
सब कुछ
जन गण मन कर दो

फिर देखो दूर से
कैसे समतल से पहले

अज़ान थी,
शंखों के बीच

अब्दुल हमीद था,
बमों के बीच

दिल्ली वही है

दिल्ली वही है
फ़िज़ा वही
अभी भी है
निज़ामुद्दीन औलिया
हुमायूँ का मक़बरा
है अभी

अबुल कलाम सड़क
(औरंगज़ेब सड़क नहीं)
से अभी भी पुराने क़िले के
बहुत नीचे
इंद्रप्रस्थ में सोए पांडवों के
साथ जाग कर
सिकंदर लोधी के मक़बरे पर
दिन भर भटक सकता हूँ

दिल्ली के चप्पे चप्पे पर
हुक्मरानों के
मक़बरों पर
छुपते हुए प्रेमी और
कबूतरों की गुटरगूँ
अब भी हैं

- शहरों के नाम बदलने वालों के नाम

नरम आक्रोश

कैसे अपनी लाचारी को
हर बार उधेड़ कर
हुक्मरानों को दिखाते हुए,
एक बेचारा आदमी
बचा पाता है बस अपना
नरम आक्रोश

अगले दिन की रोजी
की विवश भंवर में
रोज उलझता
अपने आक्रोश को नरम रख
कहीं उबलते
रक्त की भाप
उसकी रोटी न पसीज दे

जो कह दो, कर देता
जो भरो, वो सोच लेता
कहीं करा लो दस्खत
कितने ही मार दो झापड़
इस व्यवस्था को
जीवन का सच मान
अपने नरम आक्रोश को
आधी पूरी नींद में बचाये
निकल पड़ता फिर

सुबह होने से ही आश्स्वत
बचता हुआ निकलता
हुक़्मराओं से कहीं
फिर सामना न हो जाये

- एक अनजानी विषमताओं से लड़ते सचमुच साधारण से आदमी पर जो होगा कहीं नरम ही सही

आज सुबह है

आज सुबह है
सुबह होने वाली सुबह

इस सुबह से
नहीं दिखती
दोपहर
जो रोज़ होती थी
नहीं आती याद
रात की
जो रोज़ आती थी

ये सुबह पिघल कर
नहीं रिस रही
नहीं जुट रही
दिन बनाने में

ये सुबह
बस एक सुबह है
उतर आयी है
आज बस सुबह होने

इस सुबह के परिंदे
सिर्फ़

इस सुबह का होना
जानते हैं

ये सुबह
कैसे बच गयी
सुबह ना रहने से?

ये सुबह

ये सुबह
फिर होने
वाली सुबह
वही दिन की सिगरेट
फिर जली
फिर एक कश
खींचा गया
फिर धुएँ की
बात चली

राख वही
वही ऐश् ट्रे
वही आदतों
की बिसात चली

वही ज़िंदगी को
ये लगा
थोड़ा और अभी
थोड़ा और सही

वो जो बात नहीं
हुई पूरी
उस बात की
कोई बात चले

सपनों की
भीड़ से
कोई एक तो
आवाज़ दे
कोई राह तो
दिन चुने
कोई रात फिर
सुबह बुने

कोई सुबह तो हो
सिर्फ़ सपने की सुबह
सपने सा ही
कोई दिन ढले
किसी जुनून की
आहट तो हो
दौड़ कर
कोई चौखट खुले

दिन जा रहे हैं

दिन जा रहे हैं
सुबह की सर्द धूप के
और गौरैया के भी
बाजरे चुगने के
दिन जा रहे हैं

आदम मानव के
पेड़ की छाँव में सोते हुए
सपने देखने के
दिन जा रहे हैं

सड़क पर सोच में
पहियों के शोर में
पहियों से भी जल्दी
दिन जा रहे हैं

मंज़िल की दूरी
नापने की फ़िराक़ में
मंज़िल को पाने के
भी दिन जा रहे हैं

ये जो कहा मैंने आपसे
वो कहने से पहले

इस कविता के साथ
इस कविता से पहले
बहुत लाचार से दिन
मुँह फेर जा रहे हैं

वक़्त ने कहा

वक़्त ने कहा
मैं बुलबुले में जियूँगा
यहाँ जो हवा क़ैद है
उसे बार बार पियूँगा

वक़्त पीने लगा
हर मीठी कड़वी तरंग
मुस्कान के भीतर
कहीं उड़ता रहा रंग

वक़्त ने कहा
ये वक़्त नहीं बदलेगा
आँखों की लहरों का
समंदर नहीं छलकेगा

वक़्त की कहानी के
कोई नए अन्दाज़ ना होंगे
आवाज़ें बहुत होंगी
पर अल्फ़ाज़ नहीं होंगे

वक़्त के वही यार होंगे
वक़्त के वही प्यार होंगे
कोई सुनता रहेगा ज्ञानी
ज्ञानी के दो ही कान होंगे

वक़्त के कितने नाम होंगे
वक़्त को कितने काम होंगे
वो पात पात उड़ेगा
फिर भी पिंजरे साथ होंगे

फिर एक वक़्त आया
वक़्त अक्स जान पाया
ख़ुद शीशा चरमराया
और एक खिड़की बाहर खुली

वक़्त हवा की कोशिश हुआ
साँसों की जुंबिश हुआ
मीत मनमीत हुआ
पूरा ये गीत हुआ

वैसे बहुत लोग बहुत लोगों से नहीं मिलते

वैसे बहुत लोग
बहुत लोगों से
नहीं मिलते

पर किसी किसी जगह
बहुत लोग
उस जगह से मिलते हैं
और जगह से मिलने पर
बहुत लोग बहुत लोगों से
कभी कभी मिलते हैं

फिर सब वापिस
अपनी अपनी जगह
धीरे धीरे भूलते बहुतों को
फिर दोबारा
अपनों से ही मिलते हैं

लोग अब कम
बाहर निकलते हैं
ख़ुद से ही मिलना
बाहर निकलना नहीं होता

कितनी जगह हैं
जहाँ मैं
नहीं जाऊँगा
"कितनों से मिल सकते थे" का
बोझ लिए

कितना बहुत है

कितना बहुत है का
प्रश्न लिए
कितना होता गया
रुका नहीं

चलता गया

कितना बहुत है का
प्रश्न लिए
बस अब बहुत हुआ के
उत्तर तक
के बीच
एक बहुत सीधी सी बात
को मसोस कर
बंद मुट्ठी से
दुनिया को जिया
सवालों को
इस बंद मुट्ठी
से घूँसे मारे
जवाबों को
पीट पीट के
समतल किया

जो भी जिया
एक जमघट
ही जिया

एक राह
निकली पहाड़ों की और
उस पर चलते चलते
ये बंद मुट्ठी
अपने आप खुलती गयी

- मुक्तेश्वर 2018

मैं अपना जीवन नहीं

मैं अपना जीवन नहीं
अपनों का जीवन
सोचता हूँ
देखता हूँ उनको
सुबह की ठंड में
भागते हुए
उन्हें गिरते हुए, उठते हुए
बच्चों की चिंता
करते हुए

मैं अपने समय से पीछे
भाग कर
उनके साथ खड़ा हो जाता हूँ
उनके समय में

उनकी आवाज़ में सुनता हूँ
अरे तू नहीं आया?
मैंने तो तेरा इंतज़ार किया था?

ये कहते हुए उनके दुःख के
उस क्षण से
मैं आज रो जाता हूँ

में आज के कल मे
अब कभी कभी जाता हूँ
वहाँ में अपना नहीं
उनका जीवन पाता हूँ

अब तो रुकना होगा

चलते चलते
आकाश गुजर गया
पहाड़ देखे नहीं गए
ज़मीन ख़त्म हो गयी

सजी समझाई दुनिया
भख से!!! ख़त्म हुई

ख़त्म हुई
कर्तव्य की आँखें
जीने के सिलसिलों की
नयी कोशिश भी ख़त्म हुई
ख़त्म हुआ दिन का
रात को मिलना
जैसे रोज़ छुप के
किसी और से ही
मिलता होगा कहीं

अंत है
साफ़ सुथरा मुमकिन
शुरुआत भी
कुछ बेदाग़ सी है

ज़ंजीरें ख़ुद ब ख़ुद
ढीली पड़ी
फिसल गयी है पैरों से

अब तो रुकना होगा
रुकते ही दिखेगा
नीला आकाश
पहाड़ के एक
हिस्से की धूप
पैरों के निशान से
धुली ज़मीन

भूली भटकी दुनिया
भक से!!! शुरू अभी

साल (Years)

साल मेरे
ओ साल मेरे
छूटते पलों की
आवाज़ मेरे

दो दो हाथ किए
धड़ पटक दिए
कंधों पर फिर
धौल जमा
पाँव खड़े
फिर मेरे किए

चंद दिनों तो
खेल खेले
कितनों ही दिन
दिन रहने दिए
रात करी
रातों से जुदा
फिर रातों में
दिन भर दिए

तेरी लगन
तेरी तपन

तेरी छुहन
कोई कैसे कहे

तू बीत जाए
तू आ जाए
तू कर जाए

जो ये सहे
वो कैसे सहे

ये कोई और नहीं
अब तू ही कहे

चैन (Peace)

चैन मेरे कमरे में
रखी मेज़ की
वो जगह है जहाँ
मैं दोनों हाथ पसार कर
सारे जग को
बाहों में भर लेता हूँ

बशर्ते कोई मुझे देखे नहीं
चैन से बैठे हुए

किसी की याद

किसी की याद
बता कर नहीं आती
बता कर नहीं जाती
जिसे मैं याद करता हूँ
यहीं है, गया नहीं
बस बोलता नहीं
सुनता है या नहीं
पता नहीं
पर याद से उसकी
बोल सकता हूँ
सुन सकता हूँ
पर उससे नहीं

शायद उस पार
उसे भी वही याद
आती हो
जो मुझको आयी थी

हम एक दूसरे को
अब नहीं देख सकते
पर एक दूसरे की
याद को देख सकते हैं

पिटा शेर

शेर हूँ मैं

शेर हूँ मैं
थका हुआ
पिटा हुआ
फिर भी
अड़ा हुआ
खड़ा हुआ
लड़ा हुआ

शेर हूँ मैं

मेरा तन
मेरा मन
लहूलुहान है
पर फँसी हुई
अब भी
मुझमें जान है
इस जान का
ऐहसान है
जिस पर मैं हूँ
टिका हुआ

अड़ा हुआ
खेला हुआ
हारा हुआ

शेर हूँ में

गुर्राता हूँ
दर बदर
कभी इधर
कभी उधर
जंगल का
अंजाम हूँ
वक़्त का
मेहमान हूँ
दहाड़ हूँ
लताड़ हूँ
गुमान हूँ
यक़ीन हूँ

शेर हूँ में

- अस्पताल में खिड़की से बाहर देखते हुए, वो खिड़की जिस से बहुत प्यार हो गया

सामना

कुछ आ गया है सामने
सूरज का ताप ढाँकने
चोरी करने सपनों को
खड़ा हो कर लगा आँकने

लम्बी एक साँस लेनी होगी
दूरी जो है तय करनी होगी
दिन दिन गिन लड़ना होगा
सामना तुझे करना होगा

अब इधर उधर कोई नहीं है
वो सामने है अब पीछे नहीं है
हाथ उठा मुक्का तान ले
अब करना है तू ठान ले

अब बस है करना सामना
आँखों में आँख डालना
जीत हार सब संघर्ष मैं है
तेरा सच अब लड़ने मैं है

किसी चीज़ पर

किसी चीज़ पर
किसका बस है
जो होना था
और जो होता है
के बीच मिला ये
थोड़ा वक़्त है

बात सभी
नहीं कभी
छाती से
बाहर आ पाती है
अंदर अंदर
जीने के लिए
एक दुनिया बस जाती है

कुछ परायी बात
होती रहती है
साथ मेरे
चलती रहती है
पल भर दिल
उस पर
टिक जाता है

फिर कोई
दूसरी बात
हो लेती है

सोचो कितनी बातें
बिन पूरी बात किए
चली गयी
कितने पल की आवाज़ें
सुन के ही
सिमट गयीं

इन सब का भी
एक हिसाब
किसी खाते में
लिखा जाता
होगा ही कहीं
सबकी बोली
बोली गयी
अनक़ही की तो
बोली ही नहीं

रात होती है तो

रात होती है तो
होते हैं
सिरहानों पर
कितने सर
हर सर में
अगला दिन
हर दिन में
लम्बी रातें

कितनी होती
होंगी करवटें
बंद आँखों में
खोजती नींदें
सपनों तक
पहुँचते पहुँचते
कितनी थकती
होंगी आँखें

बची नींद के
गहरे कूएँ
हर कूएँ की
टूटी मुँडरें
उन कुओं मे है

कितना कम पानी
झांकती होंगी
उनमें कितनी कहानी

फिर होंगी
कितनी सुबहें
फिर खुलेंगी
कितनी आँखें
सूखी नज़रों से
अगले दिन को
ताकती होंगी
कितनी सांसें

क्या दिखता है
कितना दिखता है
क्या होता है
कितना होता है
एक जंगल में
ऐसा ही होता है
कोई मरता है
कोई पैदा होता है

अब नहीं डर लगता मुझको

अब नहीं डर
लगता मुझको
डर बड़ा ही सयाना है
जान गया है
खो जाने का
ढून्ढ लिया
मैंने बहाना है

अब नहीं डर लगता मुझको
डर बड़ा ही सयाना है

एक ही मिट्टी को खंगाला
बिन जाने था कोई खजाना
पर इस धुन में देखा जी भर
सूरज का आना और फिर जाना

अब नहीं डर लगता मुझको
वो सूरज में छुप जाता है

मुड़ के देखूं
तो लम्बी एक
कड़ी मुझको दिखती है

मेरे जैसे कितने आये
राख उड़ी ये कहती है

अब नहीं डर लगता मुझको
बात कोई नयीं नहीं दिखती है

पिंजरे में बंद
हो कर भी
उड़ने की कोशिश
परों को छूती है
हर चिड़िया में
मेरा हिस्सा
सोच यही
अब रहती है

अब नहीं डर लगता मुझको
हवा ये बहती कहती है

दिन बहुत उदास है

दिन बहुत उदास है
मत पूछो
बात क्या हुई
ठिठकते समय को
देखना शुरू करो
गंध लो उसकी
फ़र्क़ देखो
ऊब चुके दिन और
आगे भागते समय का
घबराओ मत
अगर फ़र्क़ बहुत निकले
अंतर को देख
मुड़ो नहीं
समय से
पिछड़ कर
मत करो
मन छोटा
तुमने जो देखा
गहन अंधकार
पूछो उससे
उजाला कहाँ है?

दिन को पता होता है

मेरे दिन को
पता होता है
कल
फिर दिन होगा

सबसे पहले हुए
दिन की
तलाश में
दिनों की क़तार मे
अगर मैं
पीछे जाता जाऊँ
तो कभी ना कभी
मिलेगा पहला दिन
जिसके पीछे
कोई और
दिन नहीं होगा

मैं ऐसी
बे-दिन
दुनिया से
मिलूँगा
क़तार फिर शुरू
वहीं से
करने के लिए

झूठन का पहाड़

मेरे घर के पास
उठ चुका है
मेरे घर की झूठन
का पहाड़
मेरे ही घर से निकले
पालीथीन के टुकड़ों का
टूटी प्लास्टिक का
जिसे कबाड़ी के झोले मे
हमने ही
बोया है

मेरे ही घर से निकली
मेरे ही झूठन की
अनगिनत नदियाँ
घुलती हुई,
जलती हुईं
ठोस कूड़े की
परत पर परत
चढ़ती हुई
बनाती हुई
मेरी आखों के सामने
मेरी ही
झूठन का पहाड़

उस पहाड़ पर
बिन मर्ज़ी से उगती घास
मेरे ही घर की
जूठन की घास

अब में पहाड़
घूमने नहीं जाऊँगा
झूठन के इस पहाड़ पर
खेल के आऊँगा
पानी पियूँगा
खाना खाऊँगा
फिर से
मेरे घर की जूठन
पहाड़ खाएगा

ईस तरह ही अब
ये घर
ये शहर
असली पहाड़ तक
नहीं जाएगा
वह तो
झूठन के
इस पहाड़ पर
इतरायेगा

बनारस - 1

गंगा तू तो बस
बहती दिखी
दो छोर लिए
सहती दिखी

घाट बसे
तेरे लिए
मुक्ति ढूँढे
खोए तन
भीगे हुए

मन के कई
टुकड़े लिए
दीपक बने
मन के दिए

गलियाँ बसी
ख़ुद में रची
खोईं मगर
तुझमें मिली

पानी चला
कहानी सा

हर राही की
ज़ुबानी सा

जब तक बहे
जीवन चले
जब तक चले
जीवन बहे

बनारस - 2

कोई ऐसी जगह
जो ऐसे बसी हो
के सब वहाँ
पूछने आएँ
के वो कहाँ जाएँ?

सुबह हो
ऐसी उसकी
सूरज प्राण लगे
और बहती गंगा
अंत का कोई
विश्राम लगे

घंटे शंख बजे
जैसे सदियों की
हो आवाज़ें
नया कुछ भी
नहीं लगे यहाँ
पर यहीं से
जीवन की
हर शुरुआत लगे

- केदार घाट की सीढ़ी पर बैठे बैठे (मार्च 2017)

ज़रूरी दिन

क्या ज़रूरी है
या क्या ज़रूरी था
ये ढूँढने में
एक और
बहुत ज़रूरी दिन
बीत जाता है

पूरा दिन ज़रूरी
नहीं होता
पर कुछ न कुछ ज़रूरी
होता है हर दिन
पर वह ज़रूरी "कुछ"
पूरा फिर भी नहीं

हर उस अधूरे
ज़रूरी को
क़रीने से
एक के बाद एक
लकीर में रख कर
शुरू से जानते हुए
मैं एक बार फिर
जीना चाहता हूँ

एक पूरा
ज़रूरी दिन बिताना चाहता हूँ
हर अधूरे को
फिर से
पूरा पहचानना
चाहता हूँ

चलते रहने से

चलते रहने से
आ जाती है
आख़िर में
हमेशा मंज़िल
चलते रहने से

चलते रहने से
मेरे पाँव
लिखते रहते है
सड़क के काग़ज़ पर
आधे अधूरे शब्द

मेरे क़दम की
गिनतियों में
मेरी आँखें
शरण माँग लेती है
और फिर
नरम हुए जाती हैं
अगली कविता के लिए
चलते रहने से

चलते रहने से
मेरा बौनापन
भाता है मुझे

लम्बी इमारतों के बीच
क्यारी की चींटी सा लहराता
मुझे अपना क़द
लम्बा लगता है
पर ऊँचा नहीं

प्रकृति ने जैसे
भर दिया हो
मस्तिष्क मे
सिर्फ़ चलना ही
लक्ष्य हो अब
ऐसा लगने लगता है
चलते रहने से

चलते रहने से
में कुछ ढूँढना
भूल जाता हूँ
सबसे मिलता हूँ
एक गति पर
आँख मिला
सकता हूँ
एकटक

चलते रहने से
देख लेता हूँ
सड़क पर पड़ी
कोई भी कहानी

जिस पर
मेरी नज़र सबसे पहली
पड़ी हो
दिखती है व्यथा
जहाँ शायद
कोई नहीं दिखती
सुनता हूँ कहानी
जिसके शब्द
नहीं बोले गए हों अभी
अंत न सही पर
आरम्भ देख पता हूँ
चलते रहने से

चलते रहने से
मैं हर उस जगह
जा सकता हूँ जहाँ
या तो गया हूँ या
फिर जा सकता हूँ
संभावना बनी रहती है
कहीं भी जा सकने की
लौट के नहीं आ सकने की

ये वही दृश्य है

ये जो
दृश्य है
ये वही
दृश्य है
मैं फ़्रेम में जड़ा हूँ
इस दृश्य की तरह

ये रात फिर वही
रात है
मैं अब भी
हर दफ़ा
घर ही हमेशा
लौट रहा होता हूँ

ये सड़क
वही सड़क है
आगे जा कर
अपने आप से मिलती
मैं पहिया हूँ रात का
घूम रहा हूँ

ये आवाज़
वही आवाज़ है

फिर उन्हीं
कानों में पड़ती

ये कविता
दरअसल
वही पिछली
कविता है

उलटी बहती धार ये गहरी

उलटी बहती धार ये गहरी
थकता इनसे जाऊँ मैं
लेकिन हाथों में ज़ोर जोड़ कर
इनसे लड़ना चाहूँ मैं

चाहूँ मैं ये साया तोड़ना
देखूँ उस पार होगा क्या
अपने हाथों की लकीरों को
फिर उकेरना चाहूँ मैं

रोका जिस जिस सूरज ने
उस दिन को भूला
मैं प्यासा
हर उस रात जब जागा था
फिर से सोना चाहूँ मैं

मीत प्रीत
अब बासी होती
ताज़ी गंध
अब चाहूँ मैं
नहीं रीत अब मीत बना लूँ
नयी प्रीत निभाऊँ मैं

रोकेगा कौन कविता मेरी
छंद हुए आवारा हैं
मस्तों की इस टोली से अब
कुछ गहरा सुनना चाहूँ मैं

शव यात्रा

उसी गली से गुज़रा
आख़िरी बार

उसी गली के चेहरों ने झाँका
फिर एक बार

हर घर की कहानी
जुड़ गयी जो मुझसे
देखने मुझको निकल आयी
आख़िर बार

हर दुकान पर
खड़े ख़रीदार के
सौदे रुके
कम से कम एक बार

जो बोल निकले
जंगलों की हवा बन कर
वो कविता ही थी
आख़िर बार

वो लम्बी गली उस दिन
कुछ और लम्बी हो गयी

वक़्त ज़्यादा कटा
फिर एक बार

घर की मुँडेरें
झुक गयी
देखने मुझको अपने आप
मस्तानों ने कंधे बदल बदल कर
सहारा दे दिया
क्यूँकि उस गली मे
नहीं पाऊँगा फिर एक बार

- ताऊजी की शव यात्रा

शहर ही शहर

एक घुले मिले,
अपनों परायों
से घिरे
मनुष्य को
भीड़ भरे,
होड़ लिए
शहर के
बीचों बीच फसें
मनुष्य को
अभिनय का
पात्र बना
मंच पर धकेला
तालियों से
स्वागत किया
कहानियों में
उसे रमा दिया
कभी मन हुआ तो
आँखे कर ली नम
मानवता कर ली याद

ऐसे रंगमंचो ने
देखे नए रंगमंच
वाह वाही ने लूटी
और वाह वाही

मच गया शोर
कोलाहल से
निकला कोलाहल

सभ्यता से
निकले मेरे जैसे सभ्य
असभ्य से निकले
मेरे जैसे असभ्य
मनुष्य से निकले अमानुष
अमानुष हो कर
कभी कभी दिखा दी
थोड़ी बहुत मनुष्यता

बन गए
विकराल रूप
मुझसे ही
बनवा दिया
अमिट अटल शहर

आगे शहर
पीछे शहर
पिचके बिखरते
गाँव के
दोनों तरफ
शहर ही शहर

- काम में फँसे हुए शहर के बीच

कितने दिन

कितने दिन बचे हैं
कहना मुश्किल है
ये बात सोचता हूँ
दिन देखते हुए

मैं कुछ अलग नहीं
ट्रेन मे बम फटने से पहले
बच्चे को किस स्कूल में पढ़ाऊँ
ये सोचने वाले से

या फिर अगर कल मैं नहीं रहा
तभी वो समझेंगे मुझे,
ऐसा सोचने वाले परेशान
इंसान से

या फिर उस गौरैया से
जो मोबाइल टावर को
दोष दिए बिना
कमज़ोर हो रही है
अक्सर देखती हुई मरते हुए
कई गौरैया
अग़ल बग़ल

मैं उनसे भी अलग नहीं
जो भूल जाते हैं
कितने दिन
और बचे हैं
और जीते हैं
कुछ एक दिन और
जैसे कोई दिन था ही नहीं

मैं बिलकुल अलग नहीं
हर किसी से
जो जाने के बारे में
सोचता तो है, पर
दिन बचे हैं कितने
उस ख़याल पर बहुत देर
टिक नहीं पाता
मन के किसी गोदाम में
यह सोच रख आता है
आगे बढ़ फिर
अगला बोझ उठाता है

मैं अलग नहीं
इस सोच से की
प्रेम,करुणा, सौंदर्य
समर्पण, कोमलता
अनंत है
सोच से भी परे

ये मेरे हर बचे हुए
फ़ासले से भी दूर
साथ साथ चलती हैं
हमराह सी
अगले मोड़ तक
जो मैं कभी
पहले नहीं देख पता

ऐसे चलते चलते
कितने दिन बचे हैं
कहना मुश्किल है
पर मैं चल रहा हूँ
बस चलने के लिए

- inspired by Ashok vajpeyi, कितने दिन बचे हैं - From Hospital Bed

सुबह

हर कोहरे की
सुबह के पार
सूरज उगता
किरणें पसार

फिर भी
देख धुँधलका
मन अलसाता
क्रम अटूट
देख न पाता

देख न पाता
सुबह नयी
सदियों से
जो होती आई वही

ऐसे अविश्वास में
जीवन भर के
समझोते से भी
टूटे नाता

धूप गुनगुनी
फिर है आती
कोहरे को

अपना गीत सुनाती
भर देती आशा से मन मेरा
हर अनुभव का
तोड़ के पहरा

कोहरे ओर धूप की
आँख मिचोनी में
क्या ढूँढ़ूँ और
क्या छुप जाए
रूक चुका है जितना
उतना ही क्या
आगे बढ़ जाए?

अचानक उड़ने का

अचानक
उड़ने का
मन बहुत होता है
के उड़ते उड़ते
बौने हुए मकानों में
घटती हुई
ज़िंदगी को ऐसे देखें
की हरेक ज़िंदगी
एक सी लगे

इतनी एक सी
के उड़ता ही रहूँ

उठ जा बेटा

उठ जा बेटा
हिम्मत न तू हार
देख मैं अशक्त
हो कर भी
कभी न करता
तेरी पुकार

तेरे पाँव भी
चल रहे होंगे
उसी रस्ते
जहाँ मैंने
भाग भाग उठाये थे
तेरे बस्ते

जीवन की
वही गलतियां
तुझको भी
दिखती होंगी
मुड़ के
देख मुझे थोड़ा
शायद तू कर ले
कुछ सुधार

उठ जा बेटा
हिम्मत न तू हार

जिसे मैंने
है नहीं गिना
तू वो मेरी
जमा पूँजी है
खर्च कर इसे
जैसे मन चाहे
पर पूरे कर जाना
मन के उधार

कहने को तुझे
कितनी बातें
रहा सदा
संकोच मुझे
बेमतलब
खिचीं दीवार से
बोले हम
सहमे सहमे

जब चला जाऊं
तब तो तू
तोड़ देना ये दिवार
मिलूँगा मैं
बस झाँक लेना
थोड़ा सा उस पार

उठ जा बेटा
हिम्मत न तू हार

जीवन लिखना चाहता हूँ

शब्द अधूरे,
कम पड़ जाते
फ़िर भी
सरफ़िरा हो कर
प्यास नई
भरना चाहता हूँ
जीवन लिखना चाहता हूँ

क्षण क्षण को
रंगों से भरते
रंगों के रंग को
ढोता ढोता
थक जाता हूँ
सो, जीवन लिखना चाहता हूँ

हर घटना में
घटती दुर्घटना का
अर्थ टटोले बिन
बढ़ जाता हूँ
सो,जीवन लिखना चाहता हूँ

जीवन के
उद्देश्य घने थे

जो खोते खोते
पूरे करे
बीते पलों की
भीड़ है पीछे
अब तो छुपना चाहता हूँ
जीवन लिखना चाहता हूँ

हर सुबह की
उकताहट अब
गले तक को ठस आयी है
शब्दों के ताप
में गल कर पिघली
स्याही मैं घुलना चाहता हूँ
जीवन लिखना चाहता हूँ

सोच सोच कर
अब तक बैठा
क्या अर्थ है
लिखने का
शब्दों से जो रिस जाए
ऐसा कुछ रचने का
पर शब्द लिख
मेरे न रहते
सागर के सीप
बन जाते हैं

अनजाना
मोती बन जाए

मोती बन कर
अनजानों को भी
मिल जाए
सो जीवन लिखना चाहता हूँ

शहर को चाहिए पहाड़

शहर को
चाहिए पहाड़
शहर से
बचने के लिए

पहाड़ को
कुछ नहीं चाहिए
वो ख़ुश है
अपने पहाड़ रहने में

शहर को ख़ुश
रहने के लिए
पहाड़ की
पहाड़ बने
रहने की
ख़ुशी भी
छीन कर
अपने लिए चाहिए

- मुक्तेश्वर २०२१

एक कविता ख़त्म नहीं होती

एक कविता
ख़त्म नहीं होती
और दूसरी
शुरू हो जाती
एक अधूरे जीवन से निकला
एक और अधूरा जीवन
कहीं कुछ
पूरा नहीं होता
कभी नहीं

इन अधूरों की भीड़
को ताकता
सबसे पीछे में

www.ingramcontent.com/pod-product-compliance
Lightning Source LLC
LaVergne TN
LVHW101942220826
846093LV00006B/95

* 9 7 8 1 6 3 9 9 7 6 5 1 5 *